PACHE,

A SES CONCITOYENS.

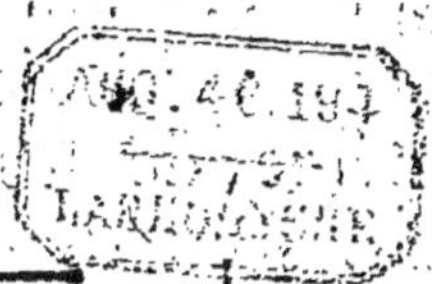

CITOYENS,

JE vais encore vous parler *subsistances*, puisque les circonstances m'y forcent.

C'est à vous, c'est devant vous que je dois exposer la vérité et la vérité toute nue, puisque c'est en votre nom qu'on a fait et qu'on fait le plus grand mal.

Citoyens, ceux qui depuis le mois de janvier n'ont cessé d'agiter sur les subsistances, ceux dont les agitations, loin de faire venir un sac de farine, ont nui à l'approvisionnement de cette immense cité, ceux-là se sont conduits comme eussent

A

fait les agents les plus perfides, de Pitt et de Cobourg.

Voulez-vous la contre-révolution? continuez leur une faveur trop long-tems accordée. Voulez-vous être Républicains? hâtez-vous de leur imposer silence, ou même de les faire rechercher; quelques-uns sont dans ce cas?

Dès le commencement de cette année, ce plan de nos ennemis fut développé dans toutes les grandes villes. Paris, Lyon, Marseille, Bordeaux, Rouen ont été le théâtre des agitations sur les subsistances.

Durant le cours de janvier, ceux des agitateurs qui nous étoient destinés, provoquèrent de la part des sections et de la municipalité, plusieurs mesures successives et différentes; au milieu de cette tourmente, le conseil-général prit le 5 février le fameux arrêté qui fixe à 12 sols le pain de 4 livres.

Il falloit accorder aux boulangers une indemnité pour le passé et pour le présent; elle fut réglée et payée.

La dépense énorme qui en résulte, n'est

pas ce qui mérite considération en ce moment, nous devons notre attention a une autre conséquence plus désastreuse.

La différence du prix, entre le pain à Paris et dans les environs, a déterminé tous les habitans à 15 ou 20 lieues à la ronde, à se pourvoir de pain à Paris ; en sorte que l'on peut dire avec vérité que, soit en pain, soit en farines, il sort de Paris un sixième de sa consommation ; en sorte que depuis six mois que ce déplorable état dure, vous avez perdu pour plus d'un mois de subsistances, sur lequel vous deviez compter.

Cependant les agitateurs continuèrent, et les contre-révolutionnaires croyoient avoir atteint leur but, puisque l'on voit dans les avant-dernières lettres de Dumouriez, qu'il comptoit sur le prétexte de ces agitations faméliques et des mouvemens violents quelles occasionneroient, pour déterminer son armée à marcher sur Paris.

L'heureux sort de la république en décida autrement. Par le bon esprit des citoyens, ces mouvemens à Paris ne furent point portés à ce point extrême, et l'armée républicaine abandonna ce traître.

A 2

Mais dans l'incertitude de ce qui arriveroit à la suite de sa lâche et honteuse défection, la prudence avoit exigé que l'on forçât d'approvisionnemens. Malheureusement dans ce même moment, les villes de Marseille, Lyon, d'Orléans, de Rouen, du Havre, furent agitées sans doute par de semblables erreurs; les approvisionneurs de la guerre et de la marine, vinrent acheter des grains et des farines, non seulement dans les marchés où s'approvisionne Paris, mais à la porte de Paris même.

Il résulta de cette concurrence un accroissement rapide dans les prix, et ce qui est bien plus fâcheux, il en résulta une soustraction de denrées; car c'est moins la dépense que les moyens de conservation, qui doivent sur-tout occuper nos esprits et nos cœurs.

En vain des réclamations furent faites; la majorité alors contre-révolutionnaire, invoqua la liberté du commerce et de la circulation des grains subsistances s'échappèrent ainsi de notre centre, pour aller alimenter des communes dont quelques-unes ont voulu depuis faire marcher des forces pour anéantir Paris.

Je ne peux me dispenser d'observer à ce sujet, combien il est impolitique, combien il est scélérat même, de venir acheter des subsistances dans un point qui rassemble 800,000 habitans ! Cet acte mériteroit la repression la plus sévère, et il appèle l'attention du législateur ? J'ajouterai que durant mon ministère, j'ai défendu aux approvisionneurs militaires, d'acheter à 10 ou 15 lieues à la ronde de Paris.

Ce haussement dans les prix, produisit alors deux effets remarquables.

La demande qui fut faite aux comités et à la convention, d'une avance de fonds proportionnelle, pour que l'administration des subsistances continuât ses approvionnemens, fut une occasion des déclamations les plus virulentes contre Paris. Plusieurs reprochèrent avec véhémence, d'y laisser le pain à 3 sous, tandis que dans les départemens, on le mangeoit à 5, 6, 7, 8 et 9 sous; en affectant de passer sous silence, que nous payions cette différence par des sols additionnels; et ils en tiroient un puissant argument, pour mettre Paris en opposition avec les départemens.

Les agitations continuoient toujours au milieu de ces embarras, qu'elles augmentoient. Pressé de parler, et par les sections et par l'assemblée elle même, je dus dire ce qui étoit ; savoir qu'en ce moment la terreur étoit *panique*, quelle étoit excitée par les malveillans, que Paris n'avoit réellement rien à craindre, et que je ne demandois aux citoyens, que la tranquilité.

Ce prononcé, ainsi extorqué par les agitateurs, fut un nouvel argument pour les départemens, qu'on avoit irrités contre notre cité. I's dirent : puisque Paris mange du pain à bas prix ; puisque la terreur qui cause lesr assemblemens est *panique*, Paris abonde ; réservons donc pour nous, qui payons le pain plus cher, les grains et la farine ; et delà le ralentissement dans l'approvisionnement ; conséquence de toutes ces funestes discussions. L'autre effet remarquable de l'élévation du prix, fut la demande faite par plusieurs départemens d'un *maximum*. Quoique la grande masse du peuple de Paris, dût y être indifférente, puisque le pain lui étoit assuré à 3 sols la livre, cependant la bonté naturelle de son cœur, lui fit prendre part à cette demande ; quelques-uns d'ailleurs y virent la diminution des sols additionnels, établis à Paris, pour payer les différences du prix du pain au prix du bled.

Cet objet fut long-tems débattu dans les comités. Mais la loi qui, présentée simplement, pouvoit peut-être produire un bon effet, fut surchargée d'une quantité d'articles réglementaires qui imposoient des conditions très-difficiles à remplir.

Les départemens et quelques administrations, auxquelles les contre-révolutionnaires de la convention avoient inspiré de la haine pour Paris, s'en servirent pour empêcher que les grains ne sortissent de leur arrondissement, qu'ils ne fussent assurés par les récensemens qu'il y avoit un excédent pour leur consommation, et ces récensemens ne se firent pas ou se firent mal : l'animadversion, fut même portée dans quelques départemens, au point que les moulins cessèrent de tourner, perfidie atroce à l'entrée d'un été.

D'une autre part, les fermiers ou propriétaires, voyant avec peine la loi du *maximum*, ne portèrent plus sur le marché, et les

administrations qui les favorisoiént, n'em-
ployèrent point la contrainte. Alors, ni les
boulangers, ni la municipalité ne purent
continuer efficacement les achats, et le
carreau de la halle, ne fut plus garni que de
ce qui étoit tiré des magasins de la municipalité.

Que firent les agitateurs, pour augmenter
ces embarras? ils continuèrent leurs rassem-
blemensaux portes des boulangers, et leurs
vociférations dans les sections; et tandis que
la municipalité, par des vues très-sages, four-
nissoit le moins qu'elle pouvoit, afin de mé-
nager ses magasins, et d'exciter les boulangers à faire eux-mêmes des efforts pour tirer
des farines du commerce, ils la forcèrent de
combler la halle, pour vuider d'autant ces
magasins, et occasionner du gaspillage.

Ce dernier article mérite attention;
indépendemment de l'écoulement dont j'ai
parlé plus haut, les agitations régulièrement
renouvellées depuis huit mois, tous les 10 ou
12 jours, et dont le résultat est un accapare-
ment partiel de pain dans chaque ménage,
ont occasionné une perte en pain durci,
moisi, que l'on ne mange pas, que l'on a

jetté dans la rivière, dans les égouts, dans les lieux d'aisance, que l'on a donné aux chevaux &c. , qui peut-être estimée à un dixième, ce qui fait encore près d'un mois de consommation de denrées au-delà du nécessaire.

C'est dans ces circonstances qu'il a fallu prendre un parti. La convention a rendu les loix du premier et du cinq juillet ; elle a envoyé dans les départemens , des commissaires tirés de son sein ; elle vient de rendre celle du quinze août, pour l'exécution de laquelle ses commissaires sont repartis , et le corps municipal en a envoyé pour en suivre sous leurs ordres l'exécution dans les détails : ensorte que tout paroît bien disposé : les moissons ont été très-belles , les battages commencent , les moulins n'ont pas autant d'eau qu'on en desireroit , mais il en reste encore plusieurs qui tournent ; ce même manque d'eau diminue aussi l'arrivage par les rivières , mais il s'établit par terre , et les arrestations devenues moins nombreuses, cesseront bientôt entièrement, car nos frères placés sous ce rapport plus heureusement que nous , et au milieu des campagnes abondantes , feront certainement battre promptement ce qui est nécessaire à leur existence, sans perdre ce qui est destiné à la nôtre, ainsi nous avons les plus belles espérances.

C'est dans ces circonstances, dis-je, que l'on revient avec acharnement, ou faire des plaintes qui ne peuvent que déchirer le cœur de magistrats sensibles, ou former des demandes impossibles à accorder, pour amener, sans doute, au 25 août, un mouvement qu'en avoit préparé pour le 10, et qu'on regrette de n'avoir pas pu produire.

Citoyens bons et francs, je vous le répéte, le mal vient de ces agitateurs, je vous l'ai demontré par ce récit, l'état fâcheux dans lequel nous sommes, c'est à eux que nous le devons; la prolongation de votre existence, c'est à vos magistrats que vous la devez; ils ne sont pas tous coupables ceux qui parlent ainsi subsistances, j'en connois d'excellens citoyens et qui ne sont qu'égarés; mais il en est dans la série de ceux qui agitent ainsi depuis le mois de janvier, qui sont certainement criminels.

Que veulent-ils ? Des comptes des fonds employés aux subsistances. Les pièces sont prêtes; on va les rendre dans la forme prescrite par la loi, et on donnera tous les facilités qui pourront y porter les lumières. S'il y a des prévaricateurs, ils seront livrés aux tribunaux, qui en feront justice.

Que veulent-ils ? L'ouverture des magasins ; les états de situation de ces magasins. C'est un crime de les demander. Paris encore une fois, est comme une place de guerre, cette connoissance donnée à l'ennemi facilite ses manœuvres et lui assure la reddition dont il peut même fixer l'époque ; aussi les plus perfides ont-ils toujours le plus insisté sur cette ouverture des magasins, et cette communication des états ; mais tant que je serai votre maire, je m'y opposerai de toutes mes forces, parce que c'est mon devoir envers vous et envers la république.

Que veulent-il ? Des places, des fonctions ? Seroit-ce les miennes ? Ici je dois malgré ma répugnance, dire un mot sur ce qui me concerne ; les ministres prétendus patriotes sous le tyran, avoient voulu me faire directeur général de l'intérieur, j'ai refusé ; secrétaire du conseil d'état, j'ai refusé ; directeur général de la guerre, j'ai refusé, et depuis le dix août administrateur général du garde meuble, j'ai refusé.

Le 11 août des voix nombreuses m'appelloient au ministère de la marine, je les ai reversées sur un homme qui en étoit plus digne.

On venoit de pendre à Toulon les commandant, intendant et des administrateurs, personne ne vouloit aller dans cette cité, le nouveau ministre de la marine m'a engagé à m'y rendre, et je n'ai accepté que parce que c'étoit une commission momentanée.

C'est durant cette absence que l'on m'a nommé au ministère de la guerre. A deux cents lieues de Paris, n'ayant point de nouvelles, ne sachant autre chose que la présence de l'ennemi sur le territoire français, et supposant qu'on me nommoit parce qu'on n'en trouvoit pas d'autre, j'ai cru ne pouvoir refuser ce poste périlleux.

Les ennemis de la république, les amis de Dumouriez m'ont attaqué d'autant plus vivement qu'ils ne pouvoient attendre de moi que la destruction de leurs projets liberticides et le maintien de la République; ils m'ont harcelé et m'ont fait remplacer.

Vous paroissiez mécontens des principes politiques d'un maire; il avoit donné sa démission; vous m'avez nommé à la mairie, je n'ai accepté que par respect pour la volonté populaire.

Lorsque la mort de Marat m'appelloit à la Convention nationale, j'ai voulu jouir de cet avantage; les patriotes, dans les momens de crise qui précédèrent le 10 août, m'ont fait rester à la mairie; c'est ainsi que je suis encore maire.

Mais et moi aussi, je pourrois compter les services que j'ai rendus dans ces fonctions municipales. Les pillages et les massacres du 9 mars, n'ont pas été effectués; l'insurrection des 31 mai dernier, et 2 juin a purgé la convention des contre-révolutionnaires, sans aliéner les départemens qui se sont réunis autour de la nouvelle constituton et j'ai concouru puissamment à vous faire vivre jusqu'à ce jour 21 août, malgré la conspiration la plus scélérate et la mieux combinée, pour vous faire périr par la famine.

Que ceux qui critiquent si facilement, que ceux qui vocifèrenr avec tant d'impétuosité, se présentent et disent aussi ce qu'ils ont fait en administration.

Au reste , citoyens, je tiens la mairie de votre confiance. Elle m'a été , et elle m'est à charge sous tous les rapports , et je ne suis dédommagé de mes peines , que par la conscience d'avoir empêché le mal , et même d'avoir fait le bien , de vous avoir servis , d'avoir servi la république. Je n'eusse sans doute jamais dit ces vérités sans les provocations indécentes qui les appellent , je ne l'abandonnerai pas spontanément , parceque , je ne sais pas quitter mon poste ; mais si vous me faites connoître que cette confiance de qui je l'ai reçu, ne m'environne plus , je le remettrai sur le champ.

Le moyen de me prouver que vous ne me l'avez pas retirée , c'est de réprimer ces agitateurs sur les subsistances , dont le but a été de vous affamer , de faire la contre-révolution , et qui y parviendront sous quelque maître que ce soit , si vous leur permettez de continuer.

Je termine, citoyens, par l'expression de mon sentiment le plus habituel, le désir de votre conservation et du maintien de l'heureuse constitution que la france vous devra , que l'europe vous devra, si vous avez le

courage de supporter quelque privations, si
vous avez la sagesse d'éloigner les méchans,
c'est mon vœu le plus cher, et c'est aussi
ma plus douce espérance.

Votre concitoyen,

PACHE.

De l'Imp. de C.-F. PATRIS, Imprimeur de
la Commune, rue du Fauxbourg Saint-
Jacques, aux ci-devant Dames Sainte-Marie,